MAR
ADENTRO

ENCONTRANDO PAZ
A TRAVÉS DE LA ORACIÓN

MAR
ADENTRO

DAN BURKE

WELLSPRING
North Palm Beach, Florida

MAR ADENTRO

Diseño de portada por Dan Donohue
Diseño interior por Finer Points Productions

ISBN: 978-1-63582-048-5 (cubierta de papel)

Dynamic Catholic® y Be Bold. Be Catholic.® y The Best Version of Yourself® son marcas registradas del Instituto El Católico Dinámico.

Para más información sobre este título y sobre otros libros y discos compactos disponibles por medio del Programa de Libros del Católico Dinámico, por favor, visiten: www.DynamicCatholic.com

The Dynamic Catholic Institute
5081 Olympic Blvd • Erlanger • Kentucky • 41018
1–859–980–7900
info@DynamicCatholic.com

Primera impresión, Mayo 2018

Impreso en los Estados Unidos de América

ÍNDICE

PRÓLOGO

Orar puede ser difícil, alegre, retador y una experiencia transformadora. El trayecto hacia la oración, hacia el corazón de Dios, es la razón por la que fuimos creados; es la razón por la que Dios nos hizo existir.

Un momento decisivo se encuentra delante de ti en este trayecto. Lo que estás a punto de leer es claro, poderoso y aplicable a todo católico que sabe que hay algo más en la vida, todo católico cuyo corazón anhela algo más, todo católico que desea conocer mejor a Dios.

Este momento decisivo existe porque Dios ha traído este libro para ti. Él busca acercarse y está llegando a ti otra vez. Si contestas el llamado con todo lo que eres, Dios igualará tu compromiso, y él no solo te dará el encuentro donde tú estés, sino que él te llevará a un lugar que nunca supiste que existía, a un lugar donde dos corazones —el de Dios y el tuyo— latirán como uno.

Vale la pena toda onza de esfuerzo que tú puedas dedicarle a este lugar, a este trayecto, a esta batalla. Merece la pena todo cuanto posees, todo lo que aspiras ser, todo lo que eres. Si te comprometes, perseveras y acoges este trayecto, conocerás la vida que Jesús ha prometido, una vida de paz y gozo que no podrá ser arrebatada por las pruebas de este mundo.

Apóyate, persevera, aprende, practica, lucha, acepta, regocíjate: Dios está contigo en este trayecto de oración.

Matthew Kelly

INTRODUCCIÓN

¿POR QUÉ ORAR?

Hace un tiempo el menor de mis hermanos, quien está un poco confundido por mi fe, me hizo una importante pregunta:

—Dan, ¿tú oras todos los días?

—Sí —contesté.

—¿Todos, todos los días? —él preguntó.

—Sí —le dije otra vez.

Él luego preguntó otra vez, pero con un énfasis en un tono que reflejaba cierta medida de incredulidad y una demanda por una respuesta absolutamente honesta.

—¿Todos, todos, todos los días? —preguntó.

Una luz se encendió en mi mente, y me di cuenta de lo que realmente me estaba preguntando.

—Dennis, no comprendes. Yo no oro porque soy santo; oro porque no lo soy. —Luego continué—: No soy capaz de vivir una vida sin Dios. Este es el porqué oro *todos, todos, todos* los días.

La idea de mi propia incapacidad de vivir incluso un solo día sin orar no es nueva o única para mí. Una de las expresiones más frecuentemente citadas en la historia de la Cristiandad es una línea de San Agustín en sus *Confesiones*: «... nuestro corazón está inquieto hasta que descansa en ti». La razón por la que es citada con tanta frecuencia, aun más de mil años luego de ser escrita, es que suena cierto entre todas las culturas y a lo largo del tiempo. Cualquier corazón abierto a Dios dice «sí» cuando oye esta hermosa expresión. Sabemos en lo profundo de nuestro ser de que esto es cierto. La razón de ser cierta es revelada en la cita completa, que dice: «Tú nos hiciste para ti mismo, Oh Señor, y nuestro corazón está inquieto hasta que descansa en ti».

San Agustín reconoce que nuestros corazones están inquietos al grado que fallamos para orientar todo lo que somos a Dios. Nuestra inquietud viene de la confusión de nuestros corazones. En la medida que nos entregamos en oración a Dios, el desasosiego empezará a apagarse. En la medida que nos entregamos a Dios, satisfacemos el propósito de nuestra existencia; reconocemos la unión con Dios y así reconocemos la paz y gozo que nos permiten encarar y superar lo que se presente en nuestro camino.

Si tu corazón está inquieto como el mío, hay un sendero disponible a la paz y a la alegría para ti. Este sendero puede ser encontrado solo en y por la oración.

Más allá del grito principal de nuestros corazones a Dios, orar es mucho más esencial para nuestra salvación eterna de lo que muchos suponen. Los seres humanos necesitan aire, agua y alimento para vivir. Sin uno de estos tres elementos básicos, eventualmente moriríamos. Similarmente, los Sacramentos de la Iglesia, especialmente la Eucaristía y la reconciliación, son espiritualmente tan esenciales para nosotros como el aire que respiramos. Sin los sacramentos —sin aire—, nada más importa. En esta analogía, la oración y la vida de virtud son comparables al alimento y al agua. Con aire, o con los sacramentos, esenciales para la vida, la oración y la virtud nos mantienen nutridos y saludables. Con respecto al alimento, si no recibimos todos los nutritientes apropiados, podemos sufrir enfermedad y muerte. Así mismo sucede con la oración y la virtud. La nutrición diaria de la oración que fluye de nuestra participación sacramental es la savia de la vida abundante que nos prometió Jesús.

Por eso, el aire no es suficiente: sin oración, no seremos suficientemente nutridos para encontrar la «vida abundante» que Cristo nos promete. Sin oración inevitablemente nos alejaremos de los sacramentos y nos quedaremos atrapados en el pecado y la egolatría; estaremos distraídos de las cosas más importantes en la vida y nuestra capacidad de escuchar y responder a Dios se debilitará. Con la ausencia de estos elementos esenciales, nos encontraremos dejando el camino angosto hacia el cielo y caminando en la calle ancha de destrucción que Jesús describe en el capítulo 7 del Evangelio de San Mateo.

Esto es lo que San Bonaventura dijo respecto a lo que un corazón comprometido a la oración puede esperar de su ejercicio de fe:

Por la oración el alma es purificada del pecado, es repuesta de caridad, es confirmada en la fe, es fortalecida, y es revitalizada en el espíritu. La oración fortalece el hombre interior, trae paz al corazón, conoce la verdad, domina la tentación, expulsa la tristeza, renueva los sentidos, despierta la virtud que languidece, suprime la falta de ánimo, y restrega el óxido de los vicios. En la oración, los rápidos destellos de los deseos celestiales brotan incesantemente de las brasas ardientes del amor divino. Los privilegios de la oración son excepcionales, las prerrogativas admirables. La oración abre las puertas del cielo, manifiesta los secretos divinos, y siempre encuentra acceso libre a los oídos de Dios.

Los santos a lo largo del tiempo han hecho eco una lista innumerable de los beneficios de la oración. Un fraile Franciscano llamado Johannes de Caulibus compiló esta lista:

Si tú quisieras:

- Pacientemente resistir la adversidad... conviértete en una persona de oración.
- Superar tribulaciones y tentaciones... conviértete en una persona de oración.
- Pisotear tus inclinaciones perversas... conviértete en una persona de oración.
- Conocer los engaños de Satanás, y evitarlos... conviértete en una persona de oración.
- Vivir con júbilo en la obra de Dios... conviértete en una persona de oración.

- Pacíficamente soportar el camino de trabajo y aflicción... conviértete en una persona de oración.
- Preocuparte por una dirección espiritual... conviértete en una persona de oración.
- No caminar en los deseos de la carne... conviértete en una persona de oración.
- Poner a volar tu vanidad o pensamientos inquietantes... conviértete en una persona de oración.
- Nutrir tu alma con pensamientos sagrados... conviértete en una persona de oración.
- Cultivar en tu corazón buenos deseos, fervor y devoción... conviértete en una persona de oración.
- Fortalecer y colocar tu corazón y propósito constante al servicio de Dios... conviértete en una persona de oración.
- Arrancar de raíz el vicio y el pecado y plantar virtud en tu alma... conviértete en una persona de oración.[1]

¿El punto fundamental? Si deseas que algo vaya bien en la vida, ¡ora! Dios no nos creó con el propósito de abandonarnos a un trabajo sin sentido y al sufrimiento. Es un hecho que él quiere trabajar con nosotros en la vida para que conozcamos un tipo de abundancia que no puede ser conocida fuera de una relación con él.

---

[1] Daniel Burke, ed., *Encontrando a Dios a través de la Meditación: San Pedro de Alcántara* (Steubenville, Ohio: Emmaus Road, 2015).

UNO

TU DESEO POR DIOS, EL DESEO DE DIOS POR TI

Crecer en la oración es una ¡aventura emocionante! No hay nada más gratificante en la vida que profundizar nuestra relación con Dios. Tu deseo de empezar a orar o profundizar tu vida de oración es un deseo que viene de Dios mismo. Estas son buenas noticias, ya que como San Pablo lo revela en Filipenses 1,6, cuando Dios inicia a obrar en nosotros, él lo «llevará a término». Dicho de otro modo, tu deseo *es* la promesa de Dios. Es la evidencia inequívoca de su obra ya en progreso en tu corazón *y la promesa de que él te dará todo lo que necesitas* para realizar esa culminación de tu deseo en tanto que tú perseveres.

Como el prólogo del *Catecismo de la Iglesia Católica* lo revela, fuimos creados con este deseo y para una eterna relación de amor con Dios.

Dios, infinitamente perfecto y bienaventurado en sí mismo, en un designio de pura bondad ha creado libremente al hombre para hacerle partícipe de su vida bienaventurada. Por eso, en todo tiempo y en todo lugar, Dios acude al hombre: le llama al hombre a buscarle, a conocerle y a amarle con todas sus fuerzas. Convoca a todos los hombres, que el pecado dispersó, a la unidad de su familia, la Iglesia.

Para lograrlo, llegada la plenitud de los tiempos, envió a su Hijo como Redentor y Salvador. En su Hijo y a través de él, invita a los hombres a convertirse, en el Espíritu Santo, en sus hijos de adopción, y, por tanto, en los herederos de su vida bienaventurada. (*CCC*, 1)

Un modo poderoso de interiorizar este hermoso pasaje es personalizarlo y recitarlo en voz alta. He aquí cómo se lee desde esta perspectiva. Para comprender la plena importancia de esta sorprendente verdad, léela despacio y en voz alta.

Dios, infinitamente perfecto y bienaventurado en sí mismo, en un designio de pura bondad *me* creó libremente para *atraerme y hacerme* partícipe de su vida bienaventurada.

Por eso, en todo tiempo y en todo lugar, Dios acude a *mí*.

Me llama a buscarle, a conocerle y a amarle con todas *mis* fuerzas.

Me llama a *mí* y a todos los hombres, que el pecado dispersó, a la unidad de su familia, la Iglesia.

Para lograrlo, llegada la plenitud de los tiempos, envió a su Hijo como *mi* Redentor y Salvador.

En su Hijo y a través de él, *me* invita a convertirme, en el Espíritu Santo, en *su hijo* de adopción, y por tanto, en *el heredero* de su vida bienaventurada.

Entender, acoger y vivir la verdad revelada por San Juan que «él primero nos amó» (Primera Carta de Juan 4,19) es el primer paso del inicio —o iniciar otra vez— en oración. Este primer paso es también citado en otro pasaje hermoso del Catecismo, que habla del deseo de Dios por nosotros en la oración:

> La maravilla de la oración se revela junto al pozo al que venimos en busca de agua: ahí, Cristo viene a encontrarse con cada ser humano. Es él quien primero nos busca y pide qué beber. Jesús tiene sed; su pedido brota de la profundidad del deseo de Dios por nosotros. Aunque nos demos cuenta o no, la oración es el encuentro de la sed de Dios con la sed del hombre. *Dios tiene sed de que nosotros tengamos sed de él.* (CCC, 2560; cursiva añadida por el autor)
>
> Paradójicamente nuestra oración de petición es una respuesta a la súplica del Dios vivo: «Me han abandonado, al que es manantial de agua viva, y han cavado para sí cisternas, ¡cisternas con grietas que no pueden retener al agua!». La oración es la respuesta de fe a la libre promesa de salvación y también una respuesta de amor a la sed del único Hijo de Dios. (CCC, 2561)

¿Alguna vez has considerado la verdad de que Dios tiene sed de ti? En la Última Cena, la última reunión de Jesús y sus discípulos, Jesús reveló esta misma verdad importante de otro modo.

Él les dijo a los apóstoles: «He desado ardientemente comer esta Pascua con *ustedes* antes de mi Pasión» (Lucas 22,15; énfasis añadido). Escritores místicos de la Iglesia revelan que «ustedes» en este pasaje incluye a los apóstoles, pero también se dirije *a ti*. Jesús anhela comulgar *contigo* en la Eucaristía de la misa y él anhela comulgar *contigo* en la oración.

El Dios del universo te creó con el propósito exclusivo de consumar este anhelo: estar contigo, comulgar contigo, morir por tus pecados para que así puedas estar eternamente reconciliado con él e involucrado en una relación de amor que es más importante que cualquier relación que hayas tenido en esta vida.

El segundo paso del inicio o de iniciar otra vez en la oración es ¡iniciar a orar! Es por esto que en el comienzo de este libro te animé enfáticamente, si tú aún no habías separado un momento determinado para orar diariamente, a que tomes la firme decisión y comiences a orar *hoy*. Es tan simple como tomar diez o quince minutos para leer en oración y poner las ideas de este libro en práctica.

Esta firme decisión debería ser tal que refleje una orientación resuelta de búsqueda de toda la vida de Dios en la oración. Debería ser una determinación final que sin importar cuan difícil o sencilla sea, continuaremos luchando. Sin importar cuántas veces fallemos, lograremos, por la gracia de Dios, iniciar de nuevo. En nuestra búsqueda determinada podremos saber que Dios es aún más firme en su búsqueda por nosotros y que él nos ayudará toda vez que caigamos, en tanto que nosotros deseemos su ayuda y elijamos levantarnos. Él que dio la misma vida de su Hijo por nosotros, ¿retendría algo más que eso?

Antes de profundizar en el aprendizaje de cómo superar dificultades en la oración y aprender un tipo de sabiduría que nos ayude a sentir intensamente a Dios en la oración, existe un enfoque simple y práctico que ha transformado la vida de millones: la Oración de Descubrimiento. La Oración de Descubrimiento es un nombre moderno para un nuevo método, pero también antiguo, llamado Lectio Divina (una frase latina que significa «Lectura Divina»); este método práctico construirá una base sólida para una vida de oración en desarrollo.

Empezar a orar incluso antes de que entendamos plenamente la oración es el mejor modo de aprender, ya que realmente orar es más importante que solo leer para adquirir el conocimiento abstracto sobre la oración. Nadie aprende a nadar tan solo con sentarse a un lado de la piscina y con hablar sobre natación o con observar a otros nadar. Es cierto que una vez que dominas lo básico, podrías pasar varios días aprendiendo técnicas importantes de braceo, equilibrio en el agua y respiración. Sin embargo, todos los buenos cursos de natación inician *en el agua* porque no se puede aprender mucho sin la experiencia real de la inmersión. Aprender haciendo es lo que realmente nos permite avanzar. Entonces ¡a zambullirnos!

DOS

LA ORACIÓN DE DESCUBRIMIENTO

En mi interacción con miles de buscadores de Dios a través de los años, una de las preguntas más comunes que he recibido es: «¿Cuál es el mejor modo de aprender a orar?». Durante mi investigacón exploré casi toda práctica moderna y antigua y he aprendido a valorar las enormes bendiciones proporcionadas a través de muchas otras formas. Sin embargo, la Oración de Descubrimiento sobresale porque posee un enfoque integrado de oración, que practicado con sabiduría probablemente te conducirá a las profundidades de la oración y encuentros con Dios que son transformadores.

Esta forma de comunión con Dios es un enfoque de oración y lectura de las Sagradas Escrituras practicado por místicos, monjes, hermanas religiosas, sacerdotes, diáconos, laicos y santos de miles de años (incluso antes de los tiempos de Cristo). Aún así, el enfoque es siempre nuevo para cada persona porque Dios se encuentra con cada uno de nosotros de modo único y en la forma que específicamente lo necesitamos. Le he dado a este enfoque un nombre moderno porque ayuda a revelar lo que sucederá conforme practiquemos este tipo de oración. La simple verdad es que si nos acercamos a Dios en la oración, *descubriremos* su presencia en nuestras vidas. *Descubriremos* su amor. *Descubriremos* su paz.

Descubriremos quiénes realmente somos y nuestro principal llamado y propósito.

Aproximadamente hace mil años un monje llamado Guigo ilustró la idea de la Oración de Descubrimiento utilizando la imagen de los peldaños de una escalera al cielo. He aquí un breve resumen de cada peldaño de la escalera de la Oración de Descubrimiento. Posteriormente en este libro profundizaremos y dedicaremos más tiempo explorando cada paso de este enfoque. Si empiezas ahora, aun cuando te cueste un poquito, estarás mejor preparado para lo que viene.

Leer: Llevar a cabo una lectura atenta, lenta, pausada y repetitiva de un pasaje corto de la Biblia

Meditar: Hacer un esfuerzo por conectarse en oración con el significado del pasaje y ver cómo puede aplicarse a las circunstancias de tu vida

Responder: Conversar con Dios sobre el pasaje

Descansar: Permitirse descansar y permanecer absorto en las palabras de Dios; permitiendo o invitando al Espíritu Santo a acercarte más profundamente a su presencia a través de lo que has leído

Resolver: Permitir que el encuentro con Dios penetre en tu día, logrando acercarte a él por medio de su propia revelación y único llamado a ti a participar con él en la redención del mundo

Para abordar la Oración de Descubrimiento en este momento, simplemente separa diez minutos al día e inicia a practicar lo más sencillo de estos pasos: leer y meditar. El resto de este libro estará dedicado a ayudarte a obtener un entendimiento más profundo de este enfoque a orar y cómo superar retos comunes que posiblemente encontrarás. También profundizaremos un poco más a fin de presentar perspectivas que te ayudarán a superar dificultades y continuar avanzando luego que termines de leer el libro.

PREPARACIÓN PARA LA ORACIÓN DE DESCUBRIMIENTO

Antes de profundizar más en la Oración de Descubrimiento, es importante establecer unos cuantos elementos clave que te ayudarán a conseguir un progreso firme y seguro. Cada elemento está precedido por la palabra *sagrado*, porque cuando nos encontramos con algo sagrado, sabemos que es muy importante o especial.

La mayoría de nosotros ha asistido a lugares de conmemoración de guerra, cementerios o iglesias y hemos experimentado momentos en los que hemos sentido la naturaleza sagrada del lugar. Intuitivamente entendemos que hay una razón por la que no celebramos torneos de voleibol o cocinamos al aire libre en cementerios o jugamos tenis de mesa en los altares de nuestras iglesias. Reconocemos que este suelo sagrado se reserva para un solo propósito: rendir máximo honor a aquellos dignos de tal. Este «ambiente reservado como especial» es lo que significa la palabra *sagrado*, excepto que va un paso más allá cuando se trata de la oración y de nuestros compromisos con Dios.

Cuando utilizamos la palabra *sagrado* para nuestros compromisos respecto del tiempo, lo que queremos decir es que consagramos o dedicamos una porción de nuestro tiempo *a* Dios y solo *para* Dios. Hacemos una promesa solemne de que este momento es de él y de que nunca (dentro de lo razonable) lo usaremos en cualquier otra cosa que no sea el propósito para el cual lo hemos reservado.

Este ambiente que separamos como sagrado es similar al santuario en cualquier iglesia católica. El santuario es el área donde se encuentra el tabernáculo y el altar. Es un lugar especial y el más santo en una iglesia católica y debe ser tratado como tal. Nunca debemos caminar o pasar por ahí a la ligera sin reconocer la presencia del Señor. No está hecho para usarse con otro propósito que no sea el de celebrar la misa. En este sentido, cuando llamamos a algo sagrado, es porque es muy especial y lo separamos únicamente para Dios.

Otro punto de vista que podría ayudar es entender que cuando algo se consagra para ser sagrado, no puede usarse nunca más para otro propósito. Por ejemplo, ¿qué sucedería si diéramos cien dólares a un albergue para personas sin hogar y luego regresáramos una semana después pidiendo que se nos lo devuelva? Por supuesto, que las personas que administran el albergue se sentirían desconcertadas y confundidas por nuestra acción. ¿Cómo reaccionarían nuestros amigos si supieran que hicimos eso? Estarían horrorizados y preocupados por nuestro estado de salud mental o espiritual. ¿Por qué? Porque tú donaste eso para cubrir una necesidad importante y significativa: alimentar a aquellos que no serían alimentados si tú no hubieras contribuido. Similarmente, cuando consagramos algo a Dios, le estamos dando algo que nunca osarímos pedir que se nos lo devuelva.

Sin embargo, es mucho más sencillo colocar un solo regalo en las manos de un receptor que obsequiar el mismo regalo todos los días. Lo mismo sucede con la oración. Un modo como podemos superar este reto es a través de un acto consciente de fe: una oración de compromiso real con Dios.

Este compromiso sagrado es una promesa muy seria que hacemos a Dios respecto de nuestro deseo de darle un espacio especial en nuestras vidas, un tipo de altar en nuestras almas. El rito que se dedica en un templo y en un altar de la iglesia católica comprende alrededor de diez mil palabras de longitud. Esto provee cierta idea de cuán importante es dedicar de un modo apropiado lugares sagrados de adoración. Se señala esta importancia por el poder del ritual, una ceremonia especial que requiere oraciones y acciones específicas. El poder del ritual imbuye a todos los involucrados con la naturaleza trascendente de la consagración y crea una marca duradera y profunda en ellos. En la medida que sus corazones son apropiadamente orientados a la

obra y presencia de Dios en su consagración, la participación de
ellos en el ritual impacta por siempre el modo cómo cada par-
ticipante trata a este espacio sagrado. Por eso tiene que ver con
cómo realizamos nuestro compromiso con Dios.

No necesitamos diez mil palabras u oraciones y un sacerdote
o un obispo, pero podemos mostrar la profundidad de nuestro compromiso a la oración expresando un nivel apropiado de
solemnidad y seriedad. Este tipo de acción es muy poderoso
para el alma y nos ayudará a mantenernos en el camino cuando
se nos presenten dificultades. Para ayudarte a establecer tu
propio compromiso sagrado, luego de revisar los tres elementos
necesarios para el éxito en la oración, encontrarás una oración
que puedas usar para consagrar el santuario de tu alma a Dios.

TRES

ELEMENTOS ESENCIALES PARA EL PROGRESO EN LA ORACIÓN

Así como una iglesia no es iglesia sin un altar, se requieren unos cuantos elementos esenciales para tu progreso en la oración. Estos elementos encarnan los secretos universales de éxito en la oración y los verás en las vidas de todas las personas que tomaron con seriedad el crecimiento espiritual. En términos del mundo de negocios modernos, se le conoce como «mejores prácticas». Aquellos que tienen éxito en los negocios aprenden del éxito de otros. De la misma manera, quienes consiguen avanzar significativamente en la vida espiritual siempre persiguen y aprenden de las mejores prácticas espirituales de aquellos a su alrededor y de quienes les precedieron... los santos. En el caso de la oración, estos tres elementos esenciales reflejan las mejores prácticas de aquellos quienes han obtenido un éxito profundo en sus vidas espirituales. Cada uno de estos elementos sagrados debe ser buscado, desarrollado y fieramente protegido en tu alma para que tu vida de oración madure y se profundice desde el inicio hasta el fin de tu vida, el cual será el día que verás a Dios cara a cara.

Tiempo sagrado: Como sucede con cualquier intento serio de progreso en la vida espiritual, la oración requiere tiempo y paciencia. Nunca ha habido nadie que experimentara un progreso significativo en la oración sin un compromiso *diario* para encontrarse con Dios.

Cuando inicies, comprométete al menos diez o quince minutos todos los días. La mejor forma de hacer esto es programar tu tiempo de oración al inicio de cada día, *antes* de que programes alguna otra actividad. Intentar apretujar la oración dentro de un horario muy ocupado resultará siempre en que el incesante trajinar de la vida desplazará a la oración. Considera tu tiempo de oración como sagrado e innegociable. Una vez que escojas el momento, promete a Dios que protejerás y tratarás a ese momento como prioridad.

Conforme inicies esta aventura nueva de oración, el proceso de la Oración de Descubrimiento puede que se sienta un poco mecánico hasta que domines el enfoque y logres desarrollar un ritmo natural. Si eres como la mayoría de las personas, encontrarás distracciones, y no entenderás del todo cómo usar bien el método. Aquí es donde toma parte la paciencia. Más adelante discutiremos estrategias específicas para minimizar el impacto de las distracciones.

Al principio, es importante mantener expectativas realistas (no estarás levitando en éxtasis místico la primera vez que te sientes a orar) y mantener todo tan simple como sea posible. No hay policía de oración que esté detrás de ti vigilándote para asegurarse de que alcances la perfección en tu ejercicio. No hay necesidad de preocuparse sobre los detalles ni de obsesionarse acerca del método. En cambio, simplemente y pacíficamente busca a Cristo en y a través de las Escrituras. Él te está esperando ahí y estará encantado de llevarte a una relación continuamente más profunda con él. Teniendo eso en cuenta, hablemos sobre cómo prepararnos mejor para nuestro momento con él.

Espacio Sagrado: Jesús instruyó a sus discípulos a orar en secreto en su «pieza» (Ver Mateo 6,6). Es ideal crear un espacio dedicado a orar y a nada más que orar. Podrías pensar que esto no es viable, pero solo requiere unos cuantos pies de espacio.

Puedes usar cualquier superficie apropiada para un símbolo preferido, una vela, o una imagen bendita; por ejemplo, una esquina que no se use con una repisa pequeña. Una persona que conozco gatea en su clóset debajo de la ropa que cuelga para orar sentándose en almohadas (¡no se permite velas ahí!). Mi primer espacio de oración fue una combinación muy simple de una repisa adherida al marco de una ventana, un símbolo, una vela y un pequeño banco. El espacio entero tomó menos que cuatro pies cuadrados. Tu espacio no necesita ser grande o sofisticado, sino tan solo protegido y destinado para tu uso cuando ores.

Asegúrate de que tu espacio de oración sea tranquilo y libre de todo cuanto llame tu atención o te distraiga (computadoras, teléfonos, televisor, dispositivos electrónicos inteligentes, etc.). Este espacio puede incluir una iluminación especial, velas o incienso para crear una atmósfera que promueva la calma y la paz y que le indique a tu mente, cuerpo y alma —a través de los sentidos— de que es momento de orar. La presencia de símbolos y de otros medios visuales para la meditación ayuda a hacer esta indicación muy clara y efectiva.

Así como separas un tiempo especial para Dios, es importante que consagres este espacio especial para usarlo solo para tu tiempo con él. El efecto a medida que transcurra el tiempo es que entrarás en este espacio sagrado y serás atraído a orar de forma natural. Este es uno de los secretos menos conocidos pero más efectivos de una profunda vida de oración. Construir el hábito de oración incluye el ambiente, y su efecto general será ayudarte a orar.

Atención Sagrada: Una vez que tu ambiente esté adecuadamente preparado, asegúrate que tu postura contribuya a orar y leer tranquilamente, reconociendo que estás entrando en la presencia de Dios. Tu postura debería ser la misma como si estuvieras con Cristo en persona o delante de él en la adoración Eucarística. La clave es la simplicidad. No hay necesidad de sobreenfatizar la postura en el modo que las prácticas de meditación no cristianas del este lo hacen con frecuencia. Una oración auténtica en la tradición cristiana puede que sea ayudada por un método y por la postura, pero nunca está esclavizada a ellos, y nunca está condicionada a ellos. En realidad, podemos orar en cualquier lugar, a cualquier hora, y en casi cualquier postura. Sin embargo, ciertas posturas son más propensas a ayudarnos a mantenernos despiertos, atentos y a leer las Escrituras en un modo piadoso. Si estás cansado en la mañana, orar mientras te acuestas de espalda probablemente resultará en nada menos que quedarte dormido. También, ciertas posturas son más apropiadas que otras para estar en presencia de Dios.

Ahora es momento de dirigir tu corazón a Dios. Empieza a respirar lenta y profundamente, centrando simplemente tu atención en Jesús conforme le busques en las Escrituras. No hay nada mágico en respirar lentamente, pero te brinda una manera de desacelerar y relajarte un poco e iniciar a desviar tu concentración de todo aquello que no es lo que Dios desea revelarte en su Palabra. Cuando por primera vez inicias a desarrollar un hábito de oración, necesitas toda la ayuda que puedas conseguir. Así, un tiempo especial, un lugar especial, tu postura y el modo como respiras, todo ayudará a orientar tu corazón a la tarea de concentrar tu atención a Dios.

Si tu mente deambula —y lo hará hasta el día en que mueras— no des cabida a la frustración o a la autocondena; simplemente y *tiernamente* dirige tu atención a Dios y al texto. Es importante notar que, a diferencia de prácticas no cristianas de la meditación Oriental que busca vaciar la mente o dirigir los pensamientos, la oración cristiana auténtica siempre busca *llenar* la mente de Dios, sea con imágenes o pensamientos o con una mirada fija y silenciosa en él. Este esfuerzo delicado pero decidido cederá el paso a una constante dirección y redirección de tu corazón y tu mente hacia él y su Palabra.

CUATRO

COMPROMETIÉNDOSE SOLEMNEMENTE CON DIOS

Ahora que entiendes los pasos básicos y los elementos esenciales de la oración, es momento de adoptar un compromiso consciente, resuelto y significativo con Dios.

Hay una razón para, si somos sensatos, detenernos cuando nos piden firmar nuestro nombre en cualquier documento que tiene una obligación legal. Instintivamente sabemos que deberíamos ser cautelosos y tomar con seriedad lo que estamos haciendo. Este tipo de consideración y cuidado es común con contratos, y debería ser mucho más serio cuando nos comprometemos con Dios. Así como deseamos que Dios se encuentre con nosotros en la oración, así también debemos acoger completamente todo lo que será necesario para experimentar esta unión con él, y esa aceptación debe incluir una decidida consideración e interés. Aun así, puede que no sepamos cómo realizar esto de modo práctico. Para remediar esta carencia de familiaridad, he delineado un enfoque simple para comprometerse solemnemente con Dios.

El primer paso es determinar la promesa exacta que intentas hacer. Otra mejor práctica en los negocios, así como lo vemos en las vidas de los santos, es escribir compromisos importantes por entero. Aquellos que tienen mayor éxito de alcanzar sus objetivos se aseguran de que esos objetivos sean realistas, claros, concretos, específicos y de tiempo limitado. Puedes escribir tu promesa en la forma de una carta a Dios que pueda verse algo así:

Querido Dios, sé que sin ti, no lograré nada de importancia en esta vida, y que contigo, como lo has prometido en tu Palabra, puedo lograr todo para lo que he sido llamado a hacer. También reconozco que para estar contigo, para amarte como lo mereces y como lo deseo, debo aprender a orar y buscar deliberadamente una relación contigo, primero en los sacramentos, y segundo a través de la oración. Aquí está mi promesa para ti:

Crearé un espacio sagrado en mi hogar diseñado para una oración diaria. Compraré un símbolo que acerque mi corazón a ti. También buscaré un banco o una silla y una vela. Haré esto dentro de los próximos treinta días.

Dedicaré un tiempo sagrado para ti y, por tu gracia, me levantaré quince minutos más temprano todos los días, comprometiendo la hora entre las 7:10 a.m. y las 7:25 a.m. para ti. Te prometo que nunca usaré ese tiempo para nada más al menos que haya una emergencia legítima. Me esforzaré mucho con especial énfasis durante los siguientes treinta días para conseguir hacerlo un hábito. Iniciaré esta nueva aventura de orar contigo este lunes entrante por la mañana.

Consagraré mi atención a ti durante este tiempo de oración. Te prometo concentrar mi atención en ti lo mejor que me sea posible al leer las Escrituras utilizando el enfoque de la Oración de Descubrimiento.

El siguiente paso, con tu compromiso directo en mano, es visitar tu parroquia, un monasterio o un Santuario. La mejor opción posible es delante del Santisimo Sacramento expuesto en adoración. En algunos de estos casos, es posible que tengas que pedir a tu sacerdote que te permita un breve momento de autoconsagración, dependiendo del horario de exposición, bendición sacramental y otras oraciones o música que él tenga planeados. Cuando el horario de los tiempos de adoración es largo, esto no será un reto en absoluto. Además, tu sacerdote podría incluso estar dispuesto a invocar una bendición especial para ti y tu compromiso.

Una vez que te encuentres tan calmado y en paz como te sea posible, simplemente reconoce que Dios está contigo. Ora en este modo (o algo similar):

En el nombre del Padre, y del Hijo y del Espíritu Santo.

Jesús, sé que tú estás conmigo. Gracias por permitirme reconocer tu presencia. Gracias por estar aquí conmigo ahora, por traerme a orar, y por prometerme que tú siempre me ayudarás a crecer más profundamente en mi relación contigo.

Luego puedes ofrecer una oración tradicional al Espíritu Santo:

*Ven Espíritu Santo. Llena los corazones de tus fieles y
enciende en ellos el fuego de tu amor.*

*Envía a tu Espíritu y ellos serán creados, y tú renovarás
la faz de la tierra.*

*Oh Dios, por la luz del Espíritu Santo tu has instruído
los corazones de tus fieles. En el mismo Espíritu, ayúdanos
a conocer cuál es la verdad y siempre regocijarnos en tu
consuelo.*

Te pedimos esto por Jesucristo Nuestro Señor. Amén.

Inicia la hora de tu promesa con unos cuantos momentos
de silencio. Contempla a Jesús en el Santísimo Sacramento y
reconoce que él te está mirando con amor. El te amó lo suficiente
para hacerte existir y morir por tus pecados, y ahora, más que
nunca, estás respondiendo a ese amor.

Ora (en voz alta si es posible, o susurra si otros están presentes):

*Señor Jesus, vengo delante de ti ahora para responder a tu
llamado a seguirte. Lo que te ofrezco ahora lo hago porque
te amo y sé lo que has hecho por mí, y quiero responder a tu
regalo de amor para mí de la mejor manera que pueda. Por
ello me comprometo solemnemente a [enumera los compromisos de tu oración].*

Luego de comprometerte, permite un momento de silencio en la presencia de Cristo.

Al realizar estos compromisos solemnes contigo, reconozco que mi voluntad no es suficiente para conseguir lo que deseo y lo que tú me has pedido. Conforme busco entregarme a ti, te ruego que por tu gracia guíes mi corazón, mi mente y mi vida a ti en este modo especial. Afirmo en la fe que tú has iniciado y deseas esta obra en mí y que serás «fiel a completarla» para darme todo cuanto necesito para amarte como lo mereces y aprender qué significa vivir una vida de amor y paz en ti.

Luego de esta oración, permanece delante de Jesús otra vez en silencio. Mírale y permítele que te mire en las profundidades de tu ser. Dale tu corazón. Tú eres su valioso hijo, y él se deleita en tu deseo de seguirle. «Estoy firmemente convencido de que aquel que comenzó en ustedes la buena obra la irá completando hasta el Día de Cristo Jesús» (Filipenses 1,6).

CINCO

PASO A PASO CAMINO A LA PRESENCIA DE DIOS

A hora es momento de explorar la Oración de Descubrimiento a un nivel más profundo. Esto te dará las herramientas que necesitas para incrementar más a fondo tu éxito conforme busques a Dios. Si has seguido mi consejo y has empezado a orar inmediatamente, deberías estar más que listo para un análisis más profundo de la Oración de Descubrimiento. Al final de cada paso, proveeré preguntas clave para ayudarte a enfocar tu oración y así guiar tu pensamiento y conexión a lo largo del camino.

PASO UNO: LEER

El primer paso inicia cuando entras a tu espacio sagrado. Asegúrate de dejar atrás todo cuanto te distraiga durante este tiempo que has dedicado a Dios. Es importante que evites el uso de tecnología justo antes de empezar a orar, ya que esto tiende a provocar la mente y causar distracciones.

Antes de que empieces a leer, saluda al Señor. En mi oración de cada mañana, simplemente enciendo tres velas, hago una reverencia, y digo: «Buenos días, Señor». Luego continúo: «Gloria a ti, Padre, Gloria a ti, Hijo; y a ti, Espíritu Santo».

A continuación, lenta y cuidadosamente expresa una oración inicial en voz alta. Conforme vas orando, mantén un ritmo que sea más lento de lo normal y lleno de paz. Considera el significado de cada palabra en tanto que oras y en cuanto la pronuncies. Asegúrate de dirigir tu atención a Dios cuando ores. Cambiar el ritmo de cómo lees o hablas normalmente le dará una señal a tu cuerpo y a tu mente de que la actividad que estás a punto de iniciar es diferente y especial. Eventualmente, este condicionamiento funcionará a tu favor para ayudarte a mantener un hábito de atención piadosa.

Oh Dios, ven en mi auxilio. Oh Señor, apresúrate en socorrerme.

Gloria sea dada al Padre, al Hijo y al Espíriu Santo, como era en el principio, ahora y siempre por los siglos de los siglos. Amén.

Gracias por tu amor y tu gracia y por permitirme estar aquí contigo para orar. Gracias por tu presencia en mi alma y por desear estar conmigo ahora.

Luego, empieza con una lectura lenta y atenta de un pasaje corto de las Escrituras del Evangelio. ¿Por qué los Evangelios? Hay un número de razones. La primera de ellas es que los Evangelios tratan acerca de la persona y obra de Jesús. Si deseamos llegar a conocer a Jesús, no hay mejor lugar para hacerlo que a través de los Evangelios.

Cada uno de los Evangelios nos revela la historia de la vida de

Jesús desde una perspectiva única. He aquí un resumen de cada uno y un esbozo de cómo sigue la vida de Jesús y su sacrificio en favor nuestro.

- **El Evangelio de San Mateo** es la historia de Jesús, el Mesías (o «Cristo»), Rey de los Judíos, y su «reino de los cielos». Este evangelio se escribió para los judíos conversos de Palestina y se enfoca en el cumplimiento de las profecías del Antiguo Testamento y la Ley de Moisés en Cristo. Mateo enumera más de sesenta pasajes del Antiguo Testamento en su revelación de Jesús como el Mesías por tanto tiempo esperado.
- **El Evangelio de San Marcos** es un resumen breve y acelerado que se enfoca en las obras extraordinarias de Jesús en la Tierra como el Hijo de Dios. Está escrito para los gentiles, particularmente los gentiles romanos conversos. San Marcos revela las emociones y afectos tanto de Cristo como de aquellos con quienes se relaciona. Él provee detalles interesantes de los gestos, miradas y palabras de Jesús. Él muestra el enfado, el amor, la pena, el dolor y el asombro de Jesús. Al mismo tiempo Marcos registra el impacto de las palabras y milagros de Cristo que tuvo en sus seguidores, y crece en intensidad conforme Jesús se acerca a la cruz. El Evangelio de San Marcos está organizado para ser entendido, recordado y difundido con facilidad.

- **El Evangelio de San Lucas** comienza a través de los ojos de María. Este Evangelio de misericordia provee el valor de la vida de Jesús en un estilo periodístico y en orden cronológico, escrito para formar creyentes de las enseñanzas de Jesús. San Lucas incluye una gran cantidad de detalle en su Evangelio, haciéndolo el más extenso de los cuatro, y el libro más extenso del Nuevo Testamento.

- **El Evangelio de San Juan** rompe con el esquema básico de Mateo, Marcos y Lucas y es simbólico y temático en naturaleza. Juan registra signos que enfatizan la deidad de Jesucristo para que el lector pueda creer en Jesús y encontrar vida en él. El Evangelio de Juan toma un enfoque diferente de la vida de Jesús. En lugar de iniciar con su nacimiento (como Mateo y Lucas) o ministerio en la Tierra (como Marcos), Juan empieza con la obra de Jesús en el inicio de la creación.

Es un buen hábito tomar un pasaje del Evangelio de la Misa del día o de la Misa del Domingo entrante. Esto ayuda a mantener tu oración enraizada en el origen y cima de nuestra fe, la Eucaristía. Otro enfoque útil es tomar uno de los cuatro Evangelios, uno a la vez, y orar a través de ellos por meses (o años). Puedes empezar con cualquier Evangelio que te resulte más interesante.

La clave es no apurarse. La meta no es terminar una porción particular de la Escritura —o ni siquiera terminar los pasos que componen la Oración de Descubrimiento—, sino intencionalmente hurgar en la profundidad de cualquier pasaje que acerque tu corazón y mente a Dios. Dicho de otro modo, este método está hecho para dirigir tu mente y tu corazón a Dios, y puedes poner este método a un lado cuando esto suceda durante cualquier momento dado en la oración.

Conforme inicies, tú también podrías seguir la tradición hermosa de trazar la señal de la cruz en las Escrituras, besar la cruz que trazaste, y luego empezar a leer muy lenta y cuidadosamente —en voz alta— buscando interiorizar las mismas palabras junto con cualquier idea relacionada o imagen que aflore de cada palabra. Leer en voz alta es ideal porque estimula los sentidos y tu cuerpo en general (tu audición, tus cuerdas vocales, tu boca) y así te ayuda a centrarte en Dios y evitar las distracciones de un modo más efectivo. También te ayuda a ir más despacio y a incrementar tu compromiso mental.

Cuando un pasaje particular o palabra te impacte, pausa para reflexionarlo más plenamente. Cuando pauses, entonces de modo natural te moverás al paso dos, meditar. Si te parece que no estás progresando de la forma sugerida por este método, simplemente continúa leyendo lentamente e incluso vuelve a leer el pasaje.

Como regla general, cada pequeña porción (tan pequeña como sea posible) de las Escrituras debe ser leída en voz alta y lentamente tres veces antes de pasar a la otra sección. Si bien, todos nosotros pasaremos a nuestro propio ritmo, la meta no es ejecutar el método mecánicamente, sino honrar y buscar a Dios.

Este primer paso, leer lentamente, no puede enfatizarse más. Cuando lees a tu ritmo normal o natural, estás leyendo por información. Pero esta lectura piadosa está hecha para encontrar a Jesús, escuchar su voz, y seguir su ejemplo. Si lees a tu ritmo normal, perderás el llamado sereno de Dios a penetrar aguas más profundas.

 Preguntas clave para el primer paso *Leer*: ¿Qué es lo que dice el texto Bíblico en sí mismo? ¿Cuál fue la intención del autor?

PASO DOS: MEDITAR

En este segundo paso, tú te comprometes con los detalles, palabras, lugares, imágenes visuales, actitudes y percepción del pasaje, buscando asimilarlo y entenderlo completamente y luego aplicarlo a tu propia vida.

Gradualmente y de un modo tranquilo pondera lo que has leído, visualízalo y escucha cuidadosamente la indicación o guía del Espíritu Santo. Busca significados espirituales más profundos de las palabras conforme te coloques en la escena del Evangelio como uno de los participantes, o simplemente oye a Dios hablarte directamente cuando lees sus palabras.

¿Qué significa colocarte en la escena del Evangelio? Utiliza tu imaginación para verte a ti mismo como una persona en particular en el ambiente o como parte de la multitud alrededor de la escena. Por ejemplo, podrías verte como la mujer samaritana al lado del pozo cuando se encuentra y habla con Jesús, ante el asombro de sus discípulos, en el capítulo cuatro del Evangelio de San Juan. Podrías colocarte en el lugar del hijo pródigo en el capítulo quince del Evangelio de San Lucas. Podrías considerar la temperatura, el movimiento del viento, la vestimenta de la gente, el polvo, los aromas, el calor y el aspecto de los elementos de alrededor. Cuanto más puedas detenerte a considerar estas cosas, más conseguirás ingresar dentro del pasaje y conectarte con las verdades transformadoras presentadas, y más descubrirás sobre ti mismo y sobre el amor de Dios y el llamado que te hace.

Independiente de los pasajes que escojas, no te rompas el cerebro ni hagas un esfuerzo intelectual extremo cuando medites. Simplemente conéctate y permite que las palabras e imágenes relacionadas penetren en tu corazón y en tu mente, y sigue a donde quiera que Dios te guíe a través del texto.

Es importante evitar un análisis científico o excesivamente intelectual de las Escrituras como si te estuvieras preparando para dictar un curso o explicarlo a alguien más. En cambio, tu meta es escuchar cuidadosamente la dirección divina. El entendimiento espiritual que buscas solo debería profundizar cuanto sea necesario para mantener tu atención en la persona y obra de Cristo conforme él se relaciona con quienes le rodean y conforme él desea relacionarse contigo.

Para desacelerar el proceso y evitar caer en el hábito de la lectura a tu ritmo normal, puede ayudar que brevemente pauses luego de cada palabra antes de iniciar la siguiente. A medida que hagas esto, romperás tu patrón usual de lectura, y conseguirás así hacer espacio para el silencio y escuchar con más cuidado. Tu meta es interrumpir el típico ritmo agitado de vida para estar más atento a Dios, como lo estarías con tu compañero más íntimo.

Conforme inicies a responder cuidadosamente o conversar con Dios sobre tu encuentro con él, estarás listo para ingresar al siguiente paso.

 Preguntas clave para meditar: ¿Qué me dice este pasaje Bíblico? ¿Cómo se aplica a las circunstancias de mi vida? ¿A dónde me está dirigiendo Dios o qué me está revelando? ¿Qué me está pidiendo Dios?

PASO TRES: RESPONDER

A medida que profundices en un pasaje particular, comienza a conversar con Dios sobre lo que estás leyendo, y busca responder con tu corazón. Recuerda, Dios se ha revelado como un misterio de comunión personal, una unidad de Personas Divinas. En los Evangelios se reveló a sí mismo y a través de su hijo, quien vivió y murió como una expresión total de su humanidad y amor por ti.

Así, tu conversación debe ser tan natural como lo es con alguien a quien amas profundamente, respetas y deseas conocer mejor. En cualquiera que sea la forma en la que eres guiado, con base en lo que has meditado o lo que viene a tu mente como resultado de tu lectura piadosa, puedes pedir perdón, puedes agradecerle y alabarle, o puedes pedirle la gracia de ser renovado por lo que has leído. Puedes pedirle que te ayude a darte cuenta de modo más completo qué desea él que tú seas, y puedes pedirle ayuda en aplicar su guía práctica o espiritual o moral en tu vida.

Cuando te comprometes con él, puede que Dios escoja llamarte a profundizar más; podrías perderte en un diálogo celestial con él que te conmueve más allá de las palabras. Si tú tienes la tendencia de ser muy conversador en la vida y en la oración, sería importante que aquí minimices tus propias palabras y estés más atento a Cristo y sus movimientos en tu alma en vez de enfocarte en lo que tú deseas decir. Desde aquí podrías encontrar que te dejaste llevar por Dios al siguiente peldaño de esta escalera hacia su corazón: descansar.

 Preguntas clave para responder: ¿Qué puedo decir en respuesta a Dios? ¿Debería ofrecer acción de gracias y alabanza o debería pedir su ayuda de un modo particular?

PASO CUATRO: DESCANSAR

Déjate impregnar por las palabras de Dios conforme él te invita a un modo más profundo de oración, uno que te traerá a su presencia en formas que con ejercicios puramente mentales nunca lo podrías lograr. Puede que tú no experimentes esto cuando comiences a explorar este método de oración. Puede tomar tiempo familiarizarte lo suficiente con este proceso para que lo asimiles en el fondo y se convierta en una expresión normal en tu corazón. En cualquier caso, Dios te dará precisamente lo que necesitas, aun cuando no sea lo que deseas o esperas.

Si te entregas a Dios de esta forma él satisfacerá tu máxima sed, tus necesidades más profundas, mientras que el Espíritu Santo ora contigo, en ti, y a través de ti. A veces podrás reconocer esta obra en tu corazón; algunas veces será meramente un asunto de fe de que Dios está contigo, impartiendo su gracia transformadora en ti. Sin embargo, siempre puedes estar seguro de que él está obrando dentro de ti cuando tú le busques en la oración. Él ha prometido que su palabra nunca retorna vacía: «Ella no vuelve a mí estéril» (Isaías 55,11), y como dice San Pablo: «La fe, por lo tanto, nace de la predicación y la predicación se realiza en virtud de la Palabra de Cristo» (Romanos 10,17).

Dado que esta fase de oración no es siempre sentida de modo tangible, ten cuidado de controlar tus expectativas. En realidad, para aquellos que están más avanzados en la vida interior, podría este ser un momento de aridez y un oscuro silencio, o un simple lugar de paz sin imagen y sin palabras. Suceda lo que suceda, sabemos por fe de que Dios es fiel a su palabra. Si tú lo buscas, tú lo encontrarás, aun cuando él sea hallado en formas que son difíciles de entender o muy diferentes a lo que anticipaste.

Preguntas clave para descansar: ¿Estoy siendo paciente, atento y abierto a los movimientos de Dios en mi alma cuando descanso en su propia revelación?

PASO CINCO: RESOLVER

El último paso supone tomar una resolución clara para evitar una trampa peligrosa en la vida espiritual: encontrar a Dios y no hacer nada en respuesta. Uno de los grandes maestros espirituales de la Iglesia dijo esto sobre cómo deberíamos responder cuando Dios nos revele algo en el momento de orar:

Cuando te levantes de una meditación, recuerda las resoluciones que tomaste, y, cuando se presente la ocasión, con esmero ponlas en práctica ese día. Este es el gran fruto de la meditación, ya que de no ser así no es solo infructífero, sino que frecuentemente dañino: porque las virtudes meditadas, y no puestas en práctica frecuentemente envanecen el espíritu, y nos hace creer que somos lo que en realidad resolvimos ser. Esto, indudablemente, sería cierto si nuestras resoluciones fueran firmes y sólidas, pero ¿cómo podrían ser tales si no se ponen en práctica? Entonces más bien ahí son vanas y peligrosas. Debemos, por tanto, por todos los medios, esforzarnos por practicarlos, y buscar toda ocasión, pequeña o grande, para ponerlas en ejecución. Por ejemplo:

si me he resuelto, en un acto de bondad reconciliarme con quienes me han ofendido, buscaré en este mismo día la oportunidad de encontrarme con ellos, y saludarlos con amabilidad; o de no poder encontrármelos, al menos hablar bien de ellos, y orar a Dios por ellos.[2]

Para proporcionar un ejemplo de mi propia experiencia con este paso, fui una vez confrontado por un pastor quien me dijo que carecía de amor por otros. Debido a mi pasado disfuncional, ya era consciente de sentirme corto en mis interacciones con los de mi alrededor. Le pregunté qué me recomendaba hacer para mejorar el modo de interactuar con los demás. Me sugirió que memorizara el capítulo 13 de la Primera Carta a los Corintios, en la que San Pablo tan claramente revela cómo se ve el amor en acción.

Cuando memoricé y repetí estos versos una y otra vez, un día rompí en llanto. Fui confrontado, de una manera muy práctica, con la realidad de cuánto Dios me amaba y qué poco yo reflejaba ese amor por los demás. El versículo 7 fue particularmente impactante: «El amor perdura a pesar de todo, lo cree todo, lo espera todo, y lo soporta todo». Cuanto más reflexionaba en este pasaje, más me daba cuenta de que realmente no había entendido qué significaba el amor en el contexto de la esperanza.

---

[2] San Francisco de Sales, *Una introducción a la vida devota* (Dublin: M. H. Gill y Son, 1885), pp. 56-57.

Encontré una definición en un diccionario que resonó en mí: reveló a la *esperanza* como «una anticipación gozosa de lo bueno». Reflexioné sobre esto mientras oraba y me pregunté qué me podría estar diciendo Dios. Él me revelaba que si yo amaba a alguien, cuando esa persona me encontrara, él o ella comprendería que yo esperaría con alegría el bien de él o ella. Esto me afectó profundamente, ya que como nato introvertido, raramente brotaba en mí este tipo de señal externa de mi amor por los demás. Mi resolución práctica fue muy sencilla. Tomé el compromiso de demostrar exteriormente mi gusto y agradecimiento por otros cuando me encontrara con ellos, particularmente aquellos con quienes guardaba diferencias.

Para hacer que este compromiso se vuelva muy práctico, decidí que sonreiría y mostraría un tono de voz acogedor cada vez que me encontrara con otras personas por primera vez en un determinado día.

El impacto de mi encuentro con Dios y las gracias que él me otorgó a través de mi resolución cambió profundamente las relaciones en mi vida.

Preguntas clave para resolver: ¿Qué puedo hacer específicamente para responder a lo que Dios me ha revelado en este pasaje? ¿Cómo puedo llevar este encuentro conmigo durante el día para que influya en cómo pienso y actúo hoy?

UNA GUÍA DE REFERENCIA RÁPIDA PARA LA ORACIÓN DE DESCUBRIMIENTO

Para hacerte las cosas más sencillas, aquí tienes una guía simple para usar en tu oración diaria hasta que se convierta en una acción automática.

Leer: Una lectura atenta, lenta, pausada y repetitiva de un pasaje corto de la Biblia.

Preguntas clave: ¿Qué es lo que dice el texto Bíblico en sí mismo? ¿Cuál fue la intención del autor?

Meditar: Con devoción establece una conexión con el significado del pasaje y considera cómo puede aplicarse a las circunstancias de tu vida.

Preguntas clave: ¿Qué me dice este pasaje Bíblico? ¿Cómo se aplica a las circunstancias de mi vida? ¿A dónde me está dirigiendo Dios o qué me está revelando? ¿Qué me está pidiendo Dios?

Responder: Conversa con Dios sobre el pasaje.

Preguntas clave: ¿Qué puedo decir en respuesta a Dios? ¿Debería ofrecer acción de gracias y alabanza o debería pedir su ayuda de un modo particular?

Descansar: Permítete descansar y mantenerte enfrascado en las palabras de Dios, permitiendo o invitando al Espíritu Santo acercarte más profundamente a su presencia a través de lo que has leído. **Preguntas clave:** ¿Estoy siendo paciente, atento y abierto a los movimientos de Dios en mi alma cuando descanso en su propia revelación?

Resolver: Permite que el encuentro con Dios permee tu día, causando acercarte incluso más cerca a él a través de su autorevelación e invitación a participar con él en anunciar su presencia al mundo. **Preguntas clave:** ¿Qué puedo hacer específicamente para responder a lo que Dios me ha revelado en este pasaje? ¿Cómo puedo llevar este encuentro conmigo durante el día para que influya en cómo pienso y actúo hoy?

Escribe tu resolución y finaliza con una oración de acción de gracias.

Modo de resumir la Oración de Descubrimiento: La lectura *busca*, la meditación *encuentra*, la respuesta *conecta*, el descanso *degusta*, y la persona que experimenta un encuentro auténtico con Dios *resuelve*.

GANANDO LA BATALLA DE ORACIÓN

El *Catecismo* revela que la oración es una batalla. Es una batalla que librar en contra del mundo, la carne y el maligno... todo lo que nos distrae de nuestra búsqueda por Dios. Esta batalla toma muchas formas, no más que existen retos comunes que puedes esperar enfrentar en tu búsqueda de acercarte a Dios. Para cada desafío, sin embargo, Dios provee un modo de superarlo.

Estos retos fácilmente se entienden desde muchos ángulos si dibujas en tu mente un gigantesco árbol con miles de monos ruidosos. Los monos representan todo lo que te distrae mientras oras: tu memoria, tu voluntad, tus emociones, tus deseos, tus frustraciones, tus pecados, tus fallas, tus intereses, tus hábitos, tus buenos pensamientos, tus malos pensamientos... todo cuanto te hace ser quien eres. El número y variedad de monos normalmente refleja nuestra edad. A medida que nos volvemos mayores, más aprendemos y nos relacionamos en la vida, y más pecamos, caemos y aprendemos. Para efectos prácticos, puedes asumir que adquirirás al menos mil monos ¡por cada año de vida!

Al menos inicialmente, no se puede confiar que ninguno de estos monos vaya a cooperar con tu deseo de orar. De hecho, ellos con más frecuencia se incitarán unos a otros en tu contra, especialmente al comienzo de un nuevo hábito de oración. Las buenas noticias son que hay estrategias comprobadas que puedes emplear para lidiar con ellos. Estas estrategias representan la culminación de miles de años de sabiduría revelada por aquellos que lucharon y ganaron la batalla de la oración: los santos y los místicos de la Iglesia. Desde luego, no recuerdo que ninguno de ellos se haya referido a los monos como tal, pero muchos de ellos compartieron sus desafíos con las distracciones y las formas como los superaron. Aquí presento algunas estrategias prácticas que te ayudarán a lidiar con la amplia mayoría de distracciones a las que llamamos tonterías de los monos.

Engáñales: La primera estrategia —y una de las más importantes— es engañar a los monos. Mucha gente que ha avanzado en el tema de la oración ha aprendido que temprano por la mañana, muchos de los monos están dormidos o sonámbulos. Cuando estás ocupado en desarrollar un nuevo hábito de oración, levantarte quince o treinta minutos más temprano puede ser una de las formas más desafiantes pero efectivas de reducir las distracciones que causan estos monos. Monos sonámbulos raramente pueden armar un lío. Sin embargo, si te conectas con un dispositivo de tecnología inteligente o con cualquier otro tipo de dispositivo electrónico, o cuando interactúas con muchas personas utilizando muchas palabras, los monos empiezan a despertarse y luego continúan despertando a los otros con una multitud de intereses y ruidos. ¡El árbol cobra vida! Por eso, una de las estrategias más exitosas practicadas por todos los que conozco que poseen una vida de oración profunda es levantarse más temprano que los monos y evitar conectarse con electrónicos antes de disponerse a orar. *El secreto está en dos palabras: Empieza temprano.*

Toléralos: Tendrás monos revoltosos en tu mente hasta el día que mueras. Incluso cuando la mayoría de ellos se hicieran santos u obedientes, sus intereses siempre aparecerán cuando te dirijas a Dios en oración. En el mejor escenario ellos intentarán interrumpir tu oración con buenas ideas... ideas santas. En el peor escenario traerán a tu mente imágenes y pensamientos egocéntricos o te recordarán conductas pecaminosas del pasado. Sin importar de dónde vienen, la clave aquí es evitar que te frustres o te autocondenes. Si tú das cabida a la frustración, esta se convertirá en una distracción adicional a las distracciones que ya tengas. Aun peor, monos frustrados siempre buscarán otros monos disgustados dispuestos a fastidiarte y distraerte aun más. Cuando te encuentres distraído, la mejor práctica es simplemente y con ternura volver tus pensamientos a Dios. Aun si te tomara cien veces en media hora, no te desanimes. Treinta minutos de dócil pero decidido regreso a Dios vale más que media hora de dicha sin interrupción que no requiera un ejercicio de autodisciplina. *El secreto está en tres palabras: Aprende a relajarte.*

Entrénalos: Tu tolerancia para entrenar monos debe ser mayor que la energía que ponen ellos para distraerte. Deberías animarte a comprender que de acuerdo a como Dios diseñó nuestra mente, solo toma treinta días de esfuerzo consistente para que al menos la mayoría de los monos asimilen un nuevo hábito o programa de oración. Eso no quiere decir que ellos te dejarán tranquilos luego de treinta días. Pero sí luego de unos treinta días, tu cuerpo empezará a esperar la oración e incluso te llevará a ella. Como sucede cuando desarrollas un nuevo hábito, los primeros treinta días probablemente serán unos de los más pesados en tu trayecto. El mundo, la carne y el maligno están todos dispuestos en tu contra. Aun así, Dios es superior a estas fuerzas, y si tú cooperas con él y te levantas todas las veces que caes, encontrarás mayor éxito que el que hayas imaginado alguna vez como posible.

El secreto está en dos palabras: Sé persistente.

Dómalos: Los monos son, por naturaleza, tanto simpáticos como orientados a la travesura. Domar monos es una tarea que toma bastante tiempo, pero un avance significativo puede darse con una estrategia eficaz: aliméntalos con una verdad transformadora. Alimentar a los monos con libros sobre oración y la vida espiritual los motivará a ayudarte en tu nueva disciplina de oración. El alimento que ellos requieren para hacerse dóciles viene de tu participación en los sacramentos y tu oración en sí misma, pero también viene de los escritos y vidas de los santos. Cuando los monos ven los frutos mayores que emergen de los esfuerzos de otros, incrementa su deseo por este fruto, y ellos se sienten más cómodos y deseosos de orar.

El secreto está en cuatro palabras: Sigue a los santos.

Transfórmalos: Cuando los monos han sido en esencia transformados (no solo en cambio de conducta) por la inmersión de la verdad, ellos pueden volverse activamente útiles en la búsqueda de la santidad. Esta transformación ocurre a través de: 1) participación regular y consciente en la misa... no menos que todos los domingos; 2) participación regular en el sacramento de la Reconciliación... al menos mensual; y 3) oración diaria y una vida dedicada a Dios. Estos monos *pueden* ser domados y te ayudarán a acercar tu corazón a Dios cuando tú lo desees.

Este secreto está en nueve palabras:
Permite que Dios transforme tu corazón y tu mente.

SIETE

SINTIENDO A DIOS EN LA ORACIÓN

Durante mis años de trabajo con miles de católicos formidables de SpiritualDirection.com y del *Avila Institute for Spiritual Formation* (Avila-Institute.com), es muy común ver un avance luego de haberse liberado de falsas creencias sobre Dios y nosotros mismos. Estas falsas creencias pueden venir de nuestra crianza, de cómo hablamos con nosotros mismos, de una catequesis equivocada, y de sugerencias del enemigo de nuestras almas. Con frecuencia estas falsas creencias pueden superarse cuando encontramos la verdad, especialmente *La Verdad*, el mismo Cristo. Este encuentro liberador con la verdad puede venir de las Escrituras, de una tradición, del *Catecismo de la Iglesia Católica*, de las vidas y enseñanzas de los santos, y de los testimonios de gente ordinaria que se encuentran trabajando arduamente a orientar sus vidas a Dios.

Las historias de otras personas pueden ser muy poderosas; nos ayudan a darnos cuenta de que no estamos solos en esta batalla. Ganamos sabiduría cuando escuchamos las luchas y éxitos de otros que se parecen mucho a nosotros. A continuación, te presentamos los testimonios del impacto que ha causado la Oración de Descubrimiento en algunas personas para que así te animes y veas lo que Dios puede hacer y hará por ti cuando lo busques.

María, treinta y cinco años,
Madre ama de casa con tres hijos

¿Qué te motivó a iniciar a orar utilizando la Oración de Descubrimiento?

He sido católica toda mi vida, pero realmente nunca antes había desarrollado el hábito de la oración diaria. Tomé un curso de oración con el *Avila Institute* que me hizo tener conciencia de mi necesidad de orar, pero eso suponía comprometerme. Luego se presentaron pruebas muy dolorosas y angustia en mi familia que me motivaron a buscar a Dios de una manera más seria. Uno de mis hijos se fue por mal camino, y como madre empecé a sentir que había fallado a mi familia debido a algunos de nuestros problemas. Se tornó muy claro que solo Dios podía ayudarnos, y supe que necesitaba aprender a orar.

¿Cuánto tiempo dedicas a orar todos los días, y a qué hora lo haces?

Acabo de empezar, por tanto, estoy tomando pequeños pasos. Ahora mismo dedico quince minutos para orar cada mañana. No soy tan disciplinada como quisiera, pero normalmente oro alrededor de las siete de la mañana.

¿Te ha costado mucho esfuerzo este compromiso?

Sí, lo ha sido. Mi director espiritual me advirtió que esto era común y que les sucede a todos. Me di cuenta de que no tengo que preocuparme de mis fallas, sino que tan solo debo mantener mi compromiso. Si tú estás a dieta y tienes un mal día, no significa que renunciaste a la dieta. Solo la retomas el día siguiente y continúas luchando para conservar tu compromiso. Sucede lo mismo con la oración.

¿De qué manera este compromiso de oración ha impactado en tu vida?

Es difícil describirlo. Me ha dado paz; es una paz que viene de confiar en Dios para enseñarme la forma versus a mí misma buscando la forma de ayudar a mi familia yo sola. Además, es muy alentador orar, pues he visto que no estoy sola. Realmente, he descubierto cosas en la Biblia que me han ayudado a comprender que mis problemas no son únicos. Dios ha ayudado a otros y me ayudará a mí.

¿Puedes contarnos una experiencia que pueda ayudar a otros a entender cómo Dios te ha encontrado en la oración?

Bueno, yo decidí que leería primero todo el Evangelio de Lucas. Un día leí este pasaje.

Por eso les digo: No se inquieten por la vida, pensando qué van a comer, ni por el cuerpo, pensando con qué se van a vestir. Porque la vida vale más que

la comida, y el cuerpo más que el vestido. Fíjense
en los cuervos: no siembran ni cosechan, no tienen
despensa ni granero, y Dios los alimenta. ¡Cuánto
más valen ustedes que los pájaros! ¿Y quién de
ustedes, por mucho que se inquiete, puede añadir
un instante al tiempo de su vida? Si aun las cosas
más pequeñas superan sus fuerzas, ¿por qué se in-
quietan por las otras? Fíjense en los lirios: no hilan
ni tejen; sin embargo, les aseguro que ni Salomón,
en el esplendor de su gloria, se vistió como uno de
ellos. Si Dios viste así a la hierba, que hoy está en el
campo y mañana es echada al fuego, ¡cuánto más
hará por ustedes, hombres de poca fe! Tampoco
tienen que preocuparse por lo que van a comer
o beber; no se inquieten, porque son los paganos
de este mundo los que van detrás de esas cosas. El
Padre sabe que ustedes las necesitan. Busquen más
bien su Reino, y lo demás se les dará por aña-
didura. (Lucas 12, 22-31)

Soy terca, y tiendo a preocuparme mucho. Como alguien a quien
le gusta estar en control de todo, reflexionar en este versículo me
hizo darme cuenta de que tengo que liberarme y dejar que Dios
nos guíe a mi familia y a mí. Conforme leía estos versículos sentí
que me liberaba de un gran peso sobre mis hombros. ¡No tenía

que preocuparme de nada! La franqueza y la claridad de Jesús dejaron en claro que Dios estaba hablando directamente conmigo en ese momento.

¿Cuál ha sido para ti la sorpresa mayor al practicar esta oración?

Fui escéptica sobre la necesidad de orar todos los días a una hora determinada, especialmente en la mañana. Soy una persona nocturna, por tanto, asumí que orar en la noche sería mejor para mí. Me sorprendió descubrir que el único tiempo que podía orar con efectividad era en la mañana cuando no estaba tan cansada y las distracciones eran mínimas. Mi director espiritual me advirtió que este sería el caso, pero no lo creí en un comienzo.

¿Cuál es el aspecto más alentador y deleitable de este enfoque de oración?

Sorprendentemente, son dos cosas: Primero, usar la Biblia ha sido muy placentero porque estoy descubriendo cuanta sabiduría contiene. Cuando era niña supe que la Biblia era importante, pero como adulta, me estoy dando cuenta de cuán indispensable es para nosotros hoy. Segundo, el proceso de responsabilidad que sigo con mi director espiritual me ayuda a mantenerme sincera e ir por buena senda.

Marlan, cuarenta y siete años,
Ejecutivo corporativo, casado con cuatro hijos

¿Qué te motivó a iniciar a orar utilizando la Oración de Descubrimiento?

Tuve una experiencia poderosa con Cristo que resultó en un cambio serio de vida para mí. Cuando comencé a leer la Biblia todos los días, me sentí confrontado por la idea de que Jesús oraba y que nos llamaba la atención para orar. Me pareció que si Dios mismo necesitaba orar y era claro que es su deseo el que debiéramos orar, entonces debería yo aprender cómo orar.

¿Cuánto tiempo dedicas a orar todos los días, y a qué hora lo haces?

Bueno, siempre estoy muy ocupado, por eso no oro tanto como quisiera. Viajo bastante y tengo responsabilidades en el extranjero. Además de eso, me importa mucho cuidar a mi familia a través de mi presencia. Por eso ahora solo estoy orando algo de veinte minutos al día a primera hora de la mañana.

¿Te ha costado mucho esfuerzo este compromiso?

¡Sin ninguna duda! Puedo decir que he logrado muchas cosas en mi vida, y me gustaría pensar que soy bueno para llevarlas a cabo. Después de haber mencionado esto, puedo decir que el crecimiento espiritual ha sido todo un reto para mí básicamente por mi horario, y tal vez debido

a mi ego. Aun así, es evidente que es lo más importante
en mi vida, y realmente lo veo como algo con lo que debo
comprometerme totalmente: Jesús lo dio todo por mí, y
yo no puedo hacer menos. No hay modo de poner mucho
más énfasis en esto. Jesús lo dio todo por mí. Mi vida era
muy oscura antes de Cristo. Él me rescató de la oscuridad,
y nunca quisiera regresar ahí. Necesito orar todos los días
para estar conectado a Dios y a sus sacramentos.

*¿De qué manera este compromiso de oración ha
impactado en tu vida?*

Inmensurablemente. Todo lo que pueda decir alcanza para
describir el cambio en mi corazón y en mi mente. El nivel de
paz que tengo frente a los retos significativos tiene mucho
de extraordinario. Si me hubieras dicho hace unos años que
llegaría al punto de considerar la oración como indispensable,
hubiera pensado que eras un tipo de fanático religioso. Pero
hoy estoy comprometido a ofrecer mi vida a Dios en toda
forma que pueda hasta el día en que le vea cara a cara.

*¿Puedes contarnos una experiencia que pueda ayudar
a otros a entender cómo Dios te ha encontrado en la
oración?*

Recientemente me sentí atraído a utilizar el método de la
Oración de Descubrimiento con la lectura del salmo de
la misa del día. El pasaje hablaba de Dios conduciendo al

salmista a aguas tranquilas de paz. Como un pequeño antecedente, yo tuve una infancia difícil, y una de las pocas veces que sentí paz era cuando iba a pescar con mi papá. Cuando leí estos versículos, Dios me reveló que él había estado presente conmigo en aquellos momentos y que mi paz era un regalo de él... un espacio breve de descanso en medio de los desafíos que enfrentaba. Fue un momento intenso, que en verdad llenó mis ojos de lágrimas. Es claro que Dios me ha estado cuidando toda mi vida, aun antes de que yo le responda en algún modo significativo.

¿Cuál ha sido para ti la sorpresa mayor al practicar esta oración?

Realmente no esperaba sentir la presencia de Dios. Esta es probablemente la sorpresa más grande que he recibido. La mayor parte de las veces mi momento de oración no está lleno de intensas emociones o de algun sentimiento en particular. Lo acepto porque sé que estoy honrando a Dios y él está obrando en mí independientemente de cómo me sienta. Aclarado este punto, me siento agradecido por las veces que Dios se reveló a mí en formas muy poderosas.

¿Cuál es el aspecto más alentador y deleitable de este enfoque de oración?

Es increíblemente poderoso que realmente Dios se encuentre

contigo en la oración. Sé que no debería esperar esto, y que a lo mejor solo es un ánimo temporal, una consolación. Dicho esto, su presencia en la oración y la forma en que él está cambiando mi corazón y mi mente es nada menos que extraordinario.

Erin, veinte años, estudiante soltera

¿Qué te motivó a iniciar a orar utilizando la Oración de Descubrimiento?
Quise profundizar mi vida de oración. También quise aprender sobre las Escrituras. Quise amar más a Dios, y supe que podría hacerlo a través de las Escrituras.

¿Cuánto tiempo dedicas a orar todos los días, y a qué hora lo haces?
Depende. Normalmente me toma al menos veinte o treinta minutos, pero no noto que transcurre el tiempo. A veces me dejo llevar por la oración y pierdo noción del tiempo. Programo la alarma de mi iPhone para ayudarme a llegar a clases ¡a tiempo!

¿Te ha costado mucho esfuerzo este compromiso?
Cuando me lo explicaron la primera vez, sentí frustración y fue toda una lucha. Estaba concentrada en realizarlo

de la manera precisa y me preocupaba no hacerlo correctamente. Me rendí rápidamente. Luego asistí a una conferencia donde se enseñó esto y pude captarlo. El presentador mencionó: «No tienes que desarrollarlo el tiempo completo». Soy una persona muy orientada a la acción, por eso este simple comentario me ayudó mucho. Sentí que el Espíritu Santo me decía que me relaje.

¿De qué manera este compromiso de oración ha impactado en tu vida?

Definitivamente me ha ayudado a crear una vida interior más reflexiva. Recientemente estuve leyendo un pasaje del Evangelio de Lucas que dice: «María meditaba estas cosas en su corazón». Fue una especie de invitación a desarrollar una oración más profunda y una vida interior. Me di cuenta de que necesitaba ser como María y meditar las verdades de Dios en mi corazón. Esta es una de las razones por la que me encanta este tipo de oración. Mantiene la Palabra de Dios en mi mente y en mi corazón todos los días, y el Espíritu Santo me recuerda con frecuencia sobre lo que he leído y orado.

¿Puedes contarnos una experiencia que pueda ayudar a otros a entender cómo Dios te ha encontrado en la oración?

Estuve recientemene adorando a Dios en mi oración. La

frase del inicio del Evangelio de Lucas «Bendito es el fruto de tu vientre, Jesús» vino a mi mente. Comprendí que, al igual que María, mi rol en la vida es traer a Jesús al mundo. Esto trajo claridad a mi propio discernimiento de vida religiosa y me dio la tranquilidad de que si me concentraba en traer a Jesús al mundo, estaría en el camino correcto.

¿Cuál ha sido para ti la sorpresa mayor al practicar esta oración?

Lo mucho que las Escrituras cobran vida. Procedo de una familia muy católica; estamos acostumbrados a escuchar las Escrituras en la misa, pero no nos involucramos con ellas. Es tan diferente tomarse el tiempo para realmente entender el mensaje que Dios tiene para nosotros. Las Escrituras cobran vida: no es solo algo antiguo que personas escribieron y que quedó ahí. Las Escrituras son precisamente las mismas palabras de Dios, las cuales cobran vida y tienen el poder de transformarnos.

¿Cuál es el aspecto más alentador y deleitable de este enfoque de oración?

Ha cambiado la forma como me acerco a todo. Realizo todo en un modo más pensativo. Es más sencillo hacer de mi vida un sacrificio; Dios se revela a sí mismo en los pasajes de las Escrituras de un modo que te ayuda a entender lo que él desea de ti y la manera cómo él desea que la vivas.

Diane, cuarenta y cinco años, profesional casada

¿Qué te motivó a iniciar a orar utilizando la Oración de Descubrimiento?

Soy miembra de un grupo llamado Apóstoles del Camino. Dedicamos nuestras vidas a la oración y el servicio a los demás. Parte de nuestra participación es realizar compromisos específicos de oración. Empecé por la búsqueda de materiales religiosos, y mi director espiritual me recomendó este enfoque, por eso tomé el compromiso de la oración mental.

¿Cuánto tiempo dedicas a orar todos los días, y a qué hora lo haces?

Mi momento de oración parece muy breve. Por ahora paso de quince a veinte minutos cada mañana. Realmente quisiera que fuera más largo, pero mi horario lo hace un reto. Mi meta es desarrollar un hábito consistente de veinte minutos todos los días.

¿Te ha costado mucho esfuerzo este compromiso?

Al comienzo fue una lucha porque intentaba acomodar la oración dentro de mi horario. Conforme lidiaba con mis fallas para orar, me di cuenta del problema. Lo que necesitaba era programar la oración primero, y luego programar todo lo demás alrededor de mi tiempo de oración... tal como lo hacemos para la misa semanal.

¿De qué manera este compromiso de oración ha impactado en tu vida?

Conforme aprendí a orar, empecé a entender quien realmente era en relación con Dios. Esta revelación significó ser muy hermosa y dolorosa al mismo tiempo. En un momento dado, tuve una verdadera revelación de mis pecados y el dolor que estos le causaron a Jesús sufrir y morir. Este dolor me condujo a una confesión general que reveló la gran misericordia y ternura de Dios. Desde entonces siento una paz permanente que impregna mis días. Mi fe ha aumentado, y los asuntos de este mundo se han desvanecido y son de poca importancia para mí. Mi amor por mi esposo y mi familia han crecido exponencialmente, y tengo un profundo deseo —aunque no siempre lo sigo como debería— de tratar a las personas con gran bondad y como personas dignas delante de Dios.

¿Puedes contarnos una experiencia que pueda ayudar a otros a entender cómo Dios te ha encontrado en la oración?

Mi encuentro con las Escrituras a través de la oración ha sido como un molde delicado y constante, un mayor conocimiento de Dios, y su revelación de quién Dios me ha llamado a ser en lugar de un gran momento importante individual. En cambio, Dios se ha revelado a sí mismo a mí en modos muy poderosos a través de las Escrituras.

Aun cuando no tenga grandes momentos, he tenido un millón de pequeños pero poderosos momentos. Todos los días él me dice: «Este es el modo, este es el modo, este es el modo».

¿Cuál ha sido para ti la sorpresa mayor al practicar esta oración?
Cuán profundo es el pozo de la gracia, y cuán vacías son las promesas del mundo.

¿Cuál es el aspecto más alentador y deleitable de este enfoque de oración?
El aspecto más deleitable es cuán ligero es su peso... cuán ligera se ha hecho la carga. El aspecto más alentador de esta oración es la fortaleza y la paz que me ha brindado.

Hannah, diecinueve años, estudiante soltera

¿Qué te motivó a iniciar a orar utilizando la Oración de Descubrimiento?
Me presentaron por primera vez este tipo de oración en mi penúltimo año de secundaria. Luego un misionario de la organización FOCUS me ayudó a sentirme más cómoda e interesada con este enfoque de oración, y así lo incorporé a mi tiempo regular de oración.

¿Cuánto tiempo dedicas a orar todos los días, y a qué hora lo haces?

Oro cuando me levanto antes de prepararme para inciar el día. Generalmente dedico veinte a veinticinco minutos... treinta minutos en el mejor de los casos. En verdad me encanta este momento del día.

¿Te ha costado mucho esfuerzo este compromiso?

Definitivamente que sí. Creo que se parece a la dificultad que experimento cuando vengo del colegio y tengo que ir a trabajar. Es difícil asumir esa reponsabilidad cuando no estoy rodeada por una comunidad de personas de mi edad que básicamente compartan la misma mentalidad o costumbre. Me cuesta mayor esfuerzo cuando me encuentro sola en casa.

¿De qué manera este compromiso de oración ha impactado en tu vida?

Verdaderamente me ha ayudado a intimar más en mi relación con Dios. Cuando mantengo una buena rutina de oración diaria, aprendo más sobre Dios y a dónde está yendo mi relación con él. Puedo ver cuando me aparto del camino, y cuándo Dios está deseando cambiar las cosas en mí para poder amar más y servir mejor a las personas que él pone en mi vida.

¿Puedes contarnos una experiencia que pueda ayudar a otros a entender cómo Dios te ha encontrado en la oración?

Leer los Evangelios me ha ayudado a visualizarme en el momento con Dios. Recientemente leí el pasaje de Juan en el que Jesús está hablando con Judas y le revela que él sería quien lo traicionaría. Me di cuenta de que hay momentos en que yo soy como Judas y que traiciono a Cristo con las decisiones que elijo y las actitudes que tomo. Cuando no oro diariamente, estoy realmente robándole a Dios. Él lo ha dado todo por mí, y yo necesito entregarle mi corazón en oración todos los días. Siento que no es justo para Dios que no le entregue ese tiempo todos los días. Momentos como estos en las Escrituras son muy intensos para mí y me ayudan a responder mejor el llamado de Dios en mi vida.

¿Cuál ha sido para ti la sorpresa mayor al practicar esta oración?

La sorpresa más grande ha sido compartir la Oración de Descubrimiento con otras personas y oír lo que ellos meditan en su momento de oración. Yo dirijo un estudio Bíblico semanal, y cuando reflexionamos todos en grupo, es muy poderoso escuchar el encuentro de otros con Dios en la oración. Esto me ayuda personalmente en mi oración y en mi fe.

¿Cuál es el aspecto más alentador y deleitable de este enfoque de oración?

Para mí es ver lo que aprendí el día anterior, mirar hacia atrás, y ver cómo Dios está obrando en mi vida. Es realmente bello sentir la presencia de Dios en mi vida.

UNA PALABRA FINAL DE ALIENTO

SÉ LUCHADOR

Mi padre fue el hijo mayor de una madre soltera quien se las tuvo que arreglar con tan poco. Él no pudo graduarse de la Universidad, pero logró conseguir su primer millón cuando cumplió treinta años. También poseía dos casas para entonces. Se jubiló a la edad de cuarenta y cinco.

Aprendí realmente mucho de mi padre mientras crecía. Un principio que él se esforzó bastante en enseñarme fue el ser «luchador». (El diccionario *Webster* lo define como «poseer un espíritu determinado y agresivo: peleador»[3]). Esta cualidad o estado de luchador también se traduce bien en desarrollar una vida saludable de oración. En ninguna forma soy perfecto, pero he encontrado que hasta el grado que confíe plenamente en Dios y persiga este principio en mi vida, el éxito será siempre el resultado. ¿Cómo son las personas luchadoras? He aquí algunas características cuando se relacionan a la espiritualidad.

Son positivos. Todo obstáculo que ellos encuentran representa simplemente un indicio de que deben encontrar una forma de burlarlos. Con frecuencia los obstáculos se deben a los

---

[3] *Merriam-Webster*, s. v. «scrappy», (*luchador*) http://www.merriam-webster.com/ dictionary/scrappy.

oponentes, y esto les hace ver que van por buen camino. Cuando ven que están siendo resistidos por el enemigo del alma, ellos se sienten estimulados a redoblar su compromiso con Dios.

Son ingeniosos. Sin importar cual es el obstáculo, ellos nunca se quedan en espera sin poder hacer nada; en cambio inmediatamente empiezan a buscar soluciones. Por la gracia de Dios, casi nunca se equivocan en encontrar soluciones, aun si aquellas soluciones parecen incompletas o imperfectas. La clave es que ellos nunca se rinden y no paran hasta conseguir las metas de su compromiso. Dios siempre recompensa con sabiduría al corazón ingenioso.

Tienen fe. Ellos saben que Dios está al mando, y que todo obstáculo está puesto para su santificación. Reconocer esto, les hace confiar que Dios les ayudará a superarlo, y saben que aprenderán de sus fallas. Conforme confían en Dios, él les responde animándolos y otorgándoles la fuerza que necesitan para perseverar.

Poseen una perspectiva amplia. Ellos saben que a veces las respuestas no se consiguen en el corto plazo, y que con frecuencia lo más importante en la vida se consigue solo luego de un trabajo duro y extenso en el camino correcto. Con esta perspectiva poderosa en mano, los desafíos de corto plazo nunca los desalientan. Ellos reconocen que en tanto que permanezcan en Dios, él los ayudará.

Son resistentes. Nunca se rinden cuando se trata de lo realmente importante en la vida. La resistencia es la habilidad de ser flexible y adaptable. Esta actitud se traduce en docilidad con Dios, confiando que aunque pueda ser incómodo y requiera cambio, Dios nunca les pedirá más de lo que puedan resistir; él les dará lo que necesitan para responder a su gran llamado.

Son consistentes. Ellos se levantan todos los días y se conectan en oración sin importar cómo se sienten o que más esté aconteciendo en sus vidas. Ellos consideran que Dios no puede ayudar a alguien que se rehúsa a involucrarse diariamente.

Son humildes. Ellos corren raudos en buscar ayuda cuando les parece no encontrar la forma por sí mismos. Reconocen que no lo saben todo, y así con frecuencia buscan el consejo de otros. Ellos saben de dónde viene su fortaleza; saben que son débiles e incapaces de avanzar por sí mismos y que esa fuente de fortaleza y de soluciones reales solo puede venir de Dios. Ellos creen que Dios siempre cumple con sus promesas.

En efecto, la oración es una batalla. Campos de batalla no son lugar para los desganados, sino para aquellos que están dispuestos a que se gane la batalla. Incluso cuando a veces no tengamos los insumos para empezar o estemos estancados. Ser luchador supone poseer un buen entendimiento del campo en el que operamos. Implica conocer a las personas adecuadas y también conocer los recursos que tenemos disponibles.

En el terreno de la oración y de la vida interior, la mayoría de católicos nunca fueron siquiera provistos por la formación más básica con respecto a cómo dirigir éxitosamente la vida interior y crecer en sus relaciones con Dios. Este libro, por supuesto, es un inicio estupendo. Para ayudarte más en tu aventura, el siguiente Material de Refuerzo puede ayudarte a continuar tu éxito en el trayecto que te lleva a Dios. Si estás listo a ser un luchador en tu vida de oración, no hay mejor momento que hoy. Sean luchadores, mis amigos, y conocerán el gozo y la paz que nunca creyeron posible.

MATERIAL DE REFUERZO PARA LA AVENTURA DE ORACIÓN

Para recompensar a quienes llegaron hasta aquí, hemos creado ¡un vídeo gratuito de un mini curso de oración!

Ir a www.SpiritualDirection.com/Pray

y use el código DISCOVER.

*¿Estás buscando continuar profundizar
tu fe y tu relación con Dios?*

SpiritualDirection.com ¡puede ayudarte!

SpiritualDirection.com
DIRECCIÓN ESPIRITUAL CATÓLICA

SpiritualDirection.com es una página web dedicada a apoyar tu trayecto espititual. Si ingresas al sitio web y te conviertes en miembro suscriptor (es gratuito) tú podrás encontrar:

· Correos electrónicos diarios o semanales que te proveerán ánimo e ideas orientadas a cómo profundizar tu relación con Dios. Estos te llegarán en forma de vídeos y publicaciones blog.

· Anuncios en relación a oportunidades de aprendizaje a través de la red y cursos de oración, el discernimiento de los dones espirituales por manifestación del Espíritu Santo, y muchos otros temas.

· Invitaciones a eventos o seminarios de la página web que sin duda te inspirarán y te fortalecerán conforme le busques a él.

· Novedades sobre libros recientes y materiales como el que tienes en tus manos.

¡Esperamos que te unas a nosotros ahí!

ACERCA DEL AUTOR

Dan Burke es autor y orador frecuente en el tema de espiritualidad católica. Es director ejecutivo del Registro Católico Nacional de la red de televisión cable EWTN. Además, él preside el Instituto Ávila para la Formación Espiritual y es el fundador de la radio Intimidad Divina y de SpiritualDirection.com.

¿ALGUNA VEZ TE HAS PREGUNTADO CÓMO PODRÍA LA FE CATÓLICA AYUDARTE A VIVIR MEJOR?

¿Cómo podría la fe ayudarte a encontrar una mayor *dicha* en tu trabajo, a *administrar* tus finanzas personales adecuadamente, a *mejorar* tu matrimonio o a ser un *mejor* padre o madre de familia?

¡HAY GENIALIDAD EN EL CATOLICISMO!

Cuando vives el *catolicismo* según su designio, cada área de tu vida se eleva. Puede ser que te suene demasiado simple, pero se dice que la *genialidad consiste precisamente en tomar algo complejo y simplificarlo.*

Dynamic Catholic se inició con un sueño: ayudar a la gente común a descubrir la *genialidad del catolicismo.*

Estés donde estés a lo largo del camino, queremos ir a tu encuentro y caminar contigo, *paso a paso*, ayudándote a descubrir a Dios y a convertirte en *la mejor versión de ti mismo.*

Para encontrar otros valiosos recursos, visítanos en línea en DynamicCatholic.com.

 **Dynamic Catholic**

ALIMENTA TU ALMA.